Made in the USA
Las Vegas, NV
27 June 2022

50789294R00070